子どもたちに幸せな日々を

子どもと保護者の発達を保障するために

近藤直子

全障研出版部

はじめに——子どもたちに幸せな日々を

ほとんどの親御さんたちは、わが子の幸せを願っていることと思います。では「幸せって何？」と尋ねられた時、あなたはどう答えるでしょうか。答えはさまざまでしょう。自分が歩んできた人生を踏まえて、それぞれがそれぞれの「幸せ観」をもっているからです。

多くの人は「自分の人生で十分得られなかったこと」を、幸せの条件と思うことが多いのではないでしょうか。家族、健康、財産、仕事、友人、生きがい、学歴、名誉等々。

私の母は、太平洋戦争中に親たちの意向で、いとこである父と一八歳で結婚させられました。現在とは違って、親が絶大な権力を有していた時代ですから、たぶん「有無を言わせず」ということだったでしょう。女学校を卒業したら進学したいと考えていた「勉強大好き少女」だった母にとっては、「思うように勉強できなかった」ことが「幸せの欠乏感」につながっていたのでしょう。私が二歳になった年に、女子大の通信教育課程に入学し学びはじめました。ところが次の年には、妹が生まれただけでなく、姉が結核性の関節炎に罹り、一年間ギプスをはめて暮らすようになり、勉強どころではなくなってしまいました。しばらく休学したのち、妹が五歳児の時に復学し、改めて学習に勤しむようになりました。スクーリングのために夏休み期間中は父と私たち三人を残して、一人で東京に下宿して勉学に勤しみ、優秀な成績で表彰され、婦人雑誌や新聞の取材を受けたほどでした。それでも飽き足らず、卒業後、別の大学の通信教育課程に編入した、学ぶことの好きな母でした。

「自分が学びたい」という思いが強く、私たちには「女も大学に行くこと、そして仕事をもつこと」を願っていましたが、「勉強しろ」とうるさく言われることはありませんでした。大学出のお母さんはクラスに一人いるかいないかという時代に、勉強好きな母のことは自慢ではありましたが、私たちはそれ以上に、母に温かさや人間臭さを求めていたと思います。

「食べるだけで大変」という生活ではなかったから、温かさや人間臭さを求めたのでしょう。中学の同級生の中には、母子家庭ゆえに高校進学をあきらめた子もいました。幼児期に母親が自殺したという子もいました。そうした人たちからしたら、私の思いはある意味「贅沢」だと言えるでしょう。でも、一人ひとりのこころにとっては、求めても得られないでいるものは、実は切実なものなのです。特に、まだこころの世界が狭い子ども時代では、家庭と身近な地域社会がある意味で世界のすべて。

だからその狭い世界の中でも「幸せなこころの世界」を築いていきうるよう、大人たちは支えていく必要があるのです。「子どもの最善の利益の保障」が児童福祉法にもうたわれましたが、それは日本国憲法一三条の「幸福追求権」を子どもに即して保障することのはずです。日本国憲法一三条は、子どもも含めすべての国民が個人として尊重されること、生命、自由、幸福追求の権利を保障されることが規定されています。何よりも生命が尊重されることが最優先課題です。「居所不明児」「無戸籍児」が存在していること自体、憲法上は許されないことですよね。安全な環境で、住居も食事も睡眠も保障されることが幸せの大前提なのです。保育所も学校も給食を保障しているのは、生きる安心の基盤に食事があるからです。

そして自由であること。自由とは「わがまま」ということではありません。障害があって体が思うように動かなかったとしても、また病気のために入院生活を送っていたとしても、子どものこころは自由を求めています。好きなことを思う存分したい、関心のあることに取り組みたい、そんなこころを最大限尊重することが、大人たちの責任なのです。病室では世界は「真っ白」で魅力に欠けます。長期入院児が集うことのできる遊戯室や、病床まで読み聞かせに来てくれる病棟保育士がいる、そのことが子どもの世界を広げるとともに、「楽しい」と感じられる幸せを保障するのです。子どものこころを障害や病気から自由にする取り組みを可能にする、社会的な制度が求められるのです。

思う存分走り回りたいという子どももいます。家の中では走り回れないけれど、広い園庭で、先生や仲間と共に走り回っているうちに満足し、先生や仲間のしていることに気持ちを向け新たなことに取り組みはじめる時、子どものこころも行動も自由の翅をひろげていくのです。家庭ではできないことを保障するために、子どものための施設や施策があるのです。

「子どもの教育の第一義的責任は親にある」というのが、この間の政府の考えですが、家庭では保障できないことがあるから、保育所も幼稚園も学校も発展してきたのです。親では保障できないことがあるから、保育士や教員という専門職が確立してきたのです。子どもの生命と自由を尊重しうるように親の生活条件を保障することなく、親の責任を問題にすることで、結果として「居所不明児」や「無戸籍児」が生み出されているのです。親がどうであれ、まずは子どもの生命・自由・幸福追求の権利が保障されることが児童福祉のはず。

わが子だけでなく、わが子につらなる子どもたちすべての幸せを保障するために、大人は何をしていく必要があるのか、一緒に考えてみませんか。

この本の構成は目次の通りですが、私の思いも一緒に読み取ってくださるとうれしいです。

著　者

目　次

はじめに――子どもたちに幸せな日々を　3

第1章　発達とあこがれ　11

子ども時代は、物理的世界もこころの世界も大きく広げていく時期。その時に大切なのは、周りの人々の存在です。ステキな大人、惹かれる仲間。でも外にこころを向けていくうえでは、実はこころの安定が大事。こころの安定の基盤に「愛されている実感」があることを、「あこがれ」をキーワードに考えてみました。

第2章　こころに残る子どもたち　17

こころに不安定さを抱えていた私は、障害のある子どもたちとの出会いで、人間として大切なことも、そして生きがいも見つけました。小学生時代から、近所のダウン症の少女が私たちの通学姿をじっと見ていたことや、教室から授業中に飛びだしていく同級生のことが気になってはいたけれど、一生障害児と付き合うとは思いもよらなかった私。そんな私が障害のある子のステキなこころを見つけた時のこと、そこにはすべての子どもに通じる何かがあります。

第3章　こころに残る保護者たち　39

大人だって発達することを、障害児の親から学んできました。生活への支援が親の気持ちを変え、親の「幸せ観」を変える。心がけだけではない支援を保障するのが、子育て応援団の仕事。私に学びの場を提供してくれた親たちのこと、あなたにも伝えたい。

第4章　オッパイは出ないけど　父さんだって子育て！　近藤郁夫　57

私を変えてくれたのは障害児とその親たち、そして私のことを愛してくれた夫と息子、そして可愛い教え子さんたち。今は亡き夫が、息子の子育てについて「オッパイは出ないけど　お父さんだって子育て！」としてまとめています。夫は「育メン」なだけではなく、保育園父母会会長として、学童保育所の運営委員長として父母を組織してきた、子どもたちの応援団長。夫のステキさを感じてください。私ののろけとして。

第5章　子どもの幸せの土台を築く　73

子どもの「問題」を親の責任に付しがちな昨今の雰囲気。保護者のみなさんも子育てをプレッシャーとして感じておられたりしますよね。仕事でも子育てでも、一人で頑張らずに応援団と共に取り組むために、社会的施策のあり方に関してもひと言。

おわりに——息子一家にバトンを渡して　82

【初　出】

第1章　全障研出版部発行の月刊誌『みんなのねがい』二〇一五年四月号に掲載の文章。

第2章　日本共産党機関紙『しんぶん　赤旗』に二〇一五年に隔週連載した文章の第1回～16回。

第3章　同連載のうち、第17・18回の親関連の文章と今回の書きおろし。

第4章　亡き夫・近藤郁夫が『しんぶん　赤旗』に二〇〇二年五月から一二月まで月1回連載した文章。

なお、第5章は書きおろし。

イラスト　千葉かおり

写　　真　近藤郁夫

第１章

発達とあこがれ

あこがれ。

私の人生において誰かにあこがれた思い出は、中学生、高校生の頃の淡い恋心くらい。スターも歌手もお呼びではなく、まして尊敬するあこがれの人などどこにいるの？　というのが正直なところです。

そんな私が何よりも熱望し得られなかったのは、「母に愛されている」という実感です。だから私が人生の中であこがれ続けたことは、「愛されている実感」だったのだと思います。亡き夫から「直ちゃん大好き」とひたすら愛され、現在は息子から「直子さんももう歳なんだから」と思いやられる幸せな日々を送っていますが、皆さんは「愛されている実感」を持っていますか？

私だけでなく、人間はみな一人では生きていくことができないために、「自分が愛されていること」を感じて生きていくことにあこがれているのではないでしょうか。

さて、それでは「あこがれ」とは一般的にはどういうことをいうのでしょうか。辞書では「理想とする物事や人物に強く引かれること」という意味が載っていますが、物事や人物へのあこがれは人間にとってどういう意味があるのでしょうか?　人間の発達は、「自分を変えたい」という自己変革の願いから出発します。私たちは自分にはないものを得たいと願い、自分を変えていきます。

赤ちゃんは大好きな大人が声をかけると、その顔を「見たい」と願って必死に顔を持ち上げます。体を思い通りに動かせずしんどいだろうに、大好きな大人のほうを向き、寝返りし、這って近づこうとします。大人が体を気持ちよくしてくれること、感じられる世界を変化させてくれることを知っているかのように、大人に「向き合おう」とするのです。何が、体の制約のしんどさを乗り越えさせるのでしょうか？　大人が生み出すこの世界の変化や大人との豊かなかかわりにあこがれているのかもしれませんね。生後四カ月を過ぎれば、大人に自ら微笑みかけ、大人の働きかけを期待するようになりますが、そんなワクワク感は乳児期後半になると目に見えて広がり、仲間が保育士に楽しく働きかけてもらっていると、「自分も」というかのように声を出してアピールします。大人や仲間の存在が、自分の制約を越える「願い」の源なのでしょう。辞書的な意味で「あこがれ」と呼べるかどうかはわかりませんが、他者の存在があって世界が広がるのです。

一歳児は大人のまねっこが大好き。大好きな大人やお兄ちゃんのしていることをまねっこします。お母さんが使っている掃除機を使いたがるし、お兄ちゃんの使っているおもちゃを「アキちゃんも！」と取りに来るし、周りの者からみたら「いい迷惑！」。お母さんやお兄ちゃんにあこがれているからまねっこするとも言えそうですし、止めようとしたら「イヤ〜！」と泣き叫ぶところを見ると、思いは強そうですよね。でも、あこがれにつきものの「ワクワク、ドキドキ」を子どもがどこまで感じているかというと、もっと直接的な気もします。とにかく「したい」「ほしい」という感じですね。二歳児になると、したことがないあそびを仲間が楽しそうにしていると、しばらく見ていた後に意を決したように参加する姿が見られます。見ている間はちょっと「ドキドキ」していたのでしょうね。

それに比べると、四歳児のあこがれには「ドキドキ感」「ワクワク感」が強く伴っていることが周りにも実感されるものです。四歳児は運動会でも生活発表会でも、「上手にできるかな」とドキドキしています。だからいつもはできることなのに緊張してうまくできず、泣けてしまうことや、思わずふざけてしまう「けなげな姿」を示します。かっこよい仲間にあこがれて日々逆上がりや縄跳びにチャレンジもします。うまくできない自分にこころが揺れつつも、「できた！」という気持ちの高ぶり、ワクワク感があるから、揺れを自分で乗り越えて世界を大きく広げ「あこがれ」を実現するのでしょう。

小学生になると、「大きさ」にあこがれるようになります。親や教師や仲間が価値的と思っている「大きさ」にあこがれて、学習や遊びの技、お稽古事に頑張る子どもが出てきます。でも頑張ってもかっこよい「大きさ」をゲットできにくい子どもは、大きなお兄ちゃんたちにくっついて、ドキドキする「悪いこと」に力を発揮し、危ないまねをしたり万引きのお先棒をかついだりもするのです。ワクワク感は得られなくとも「大きさ」に伴うドキドキ感がたまらないと、こうした「悪さ」を卒業しにくくなります。

そして青年期に入ると自分の価値に敏感になり、自分は「イケてる」と自信満々な日もあれば、自分は「何のために生きているのか」と苦しみ死を考える日もあるという不安定な自分を生きることになります。学校生活や部活で自信を持って生きている人はよいでしょうが、私は、勉強はできましたが「自分が人とは違うこと」に悩み、死ぬことを考えることの多い日々でした。ドキドキ感やワクワク感は、自分たちで行事を成功させたときに感じるくらいでした。でも少しでもワクワク感をもつことができたから、学校には通い続けられたのでしょうね。

私たちは、学童期以降、「自分の価値を実感したい」という願いをもって生きています。願いは「夢」ともなります。だから夢につながるような価値を感じさせる人にあこがれもし、クラスの人気者や有力グループに所属しようとすり寄ったり、アイドルやタレントのファンクラブにも所属したりするのでしょう。身近にあこがれを抱くことのできる相手がいれば、夢や理想に向けて頑張れるのかもしれません。私にはそうした人はいなかったので、「心理学を学ぶことで自分のことを理解できるのでは」と、心理学を学びましたが、心理学を学んでも自分のこと、特に自分の悩みや辛さには答えが出ませんでした。答えは障害のある幼児たちとの日々の中でつかんできました。「この子の気持ちがわかりたい」「この子が楽しめる何かを見つけたい」という思いは、小さな夢でした。でも、頭を床に打ちつけていた子が私に手をさしのべてきたときに感じた喜び、ドキドキする体験、そして次への期待でワクワクしながら子どもと関わる喜び——それらが、私に自分の価値を実感させてくれました。

人間はみんなが一人ひとりかけがえのない価値的な存在です。しかしそのことを実感できないと、私たちは生きる意味や喜びから遠ざかってしまいます。世間的な価値や周りの求める価値が、自分のあこがれ求めている価値とは限りません。だから青年期以降、大人は誰もが悩んだり揺れたりしながら生活を送っています。

「わが子に障害があった」「事故で受障した」など思いどおりにならない状況に置かれると、「夢」が破れ自分の価値が見えにくくなります。でも人間は「自分らしく生きたい」という願いをもって人生を重ね、「ステキな自分」になることを夢見て、自分を変えようと歩んでいく存在です。自分を変えようとするとき、身近なところに「あんなふうになりたい」と小さなあこがれを抱く存在があることが大切なのかもしれません。「愛されている自分」にあこがれているうちに、障害のある子どもたちから愛をもらい、愛することの喜びを実感させてもらった私は幸せ者です。目の前の小さな愛を実感することが、今の私の大切な「あこがれ」なのかもしれません。

第２章

こころに残る子どもたち

◆私の中の「幼いわたし」――「捨てられた！」わたし

五歳の早春の記憶が、成人するまでずっと私のこころを苦しめていました。潮干狩りに出かけた海岸の公衆トイレから出た時、母の姿がなくなっていました。捨てられた！　涙があふれだし、母を捜して歩きまわったこと、そして私を見つけてくれたのが父の同僚だったことだけを鮮明に覚えています。

私が三歳のときに姉が結核性関節炎に罹患し、一年ほどギプスをはめていたこともあり、母は姉を乳母車に乗せ、赤ん坊の妹を背負って買い物や銭湯に出かけていました。私は覚えてはいないのですが、母の後ろから荷物を持ってついて歩いていたのだそうです。そんな日々の積み重ねのためか、私は母と手をつなぐことができなくなっていました。

母の後ろをついて歩く日々、後回しにされる日々の中で、「捨てられた！」という思いが鮮やかに記憶に残ったのでしょう。母に甘えられる楽しい日々が続いていれば、迷子体験も笑って語られる思い出になったのでしょうが、この事件は辛い「こころのストーリー」としてその後も私を苦しめ、夜尿や爪噛み、嫉妬からくる妹への暴力、睡眠障害と、青年期までの様々な「問題」につながったのです。

「自分のこころを理解したい」ということが「心理学」を志した理由ですが、心理学を学んだからこころが楽になったわけではありません。辛いストーリーをこころに秘めていることで

「見えてくる世界がある」と実感したことで、私はわたしの中の「幼いわたし」を受け入れることができ始めたのです。

◆頭突き少年タカちゃん――どうして頭を床に打ちつけるの？

タカちゃんは歩くこともお話しすることもできない四歳の男の子。

学生時代、級友に誘われてイヤイヤ参加したボランティア活動で出会ったのは一九七一年の六月でした。当時は障害が重いと義務教育すら受けられない時代でしたから、障害のある幼児は幼稚園にも保育所にも入ることができず、通う場所がありませんでした。保健所の指導室で出会った子どもたちは、ことばも話せず、パンツの中にウンコをしたまま走り回る、水道の水を跳ね飛ばしているなど、「何これ！」と思わざるを得ない状態でした。

中でも、ずっと床に頭を打ちつけているタカちゃんの姿は、辛くて正視できるものではありません。ただひたすら頭を打ちつけ、額はこぶになり髪の毛は擦り切れています。「痛そう」でたまらず、彼の額と床の間に私の手を入れ込むと、「違う」というように横にずれて床に打ちつける姿に、「タカちゃんの気持ちをわかりたい」という思いがフツフツと湧いてきて、毎週ボランティアに通うことになりました。自分のこころのことよりも、タカちゃんのこころのことに気持ちが向いている自分が新鮮でもありました。床は痛いからとマットに乗せても、床までずれて打ちつけるタカちゃん。トランポリンの上だとタカちゃんは下りることができないからと、乗せて揺すっている日々を重ねたある日、タカちゃんが「跳ばせて」というように私に向かって手を伸ばしてきたとき、こころが通じた喜びで涙があふれ出てきました。

こころが外に向かう取り組みがあればどの子も変わる、そして私も変わることができる！

◆皿投げエイちゃん——お客さんが来ると興奮してしまって…

障害が重くて「大変」と思われている子どもも、その子のこころが外に向かう取り組みをすれば、自分から可能性を広げていくのだということは、一九七〇年代に多くの障害児関係者が実感したことです。

たとえ週一回の取り組みでも、子どもたちは変わっていきます。府営住宅に住む四歳のエイちゃん。二歳の妹もいて、お母さんは多動なエイちゃんを外に連れて出ることができません。走り回りたいエイちゃん。狭い家の中では満足できず、押入れなど高いところに上っては飛び降りるため、近所迷惑にもなっていて、お母さんは疲れています。

お家に訪問したら、来客に興奮したのか、食器棚からお皿を出して私に投げつけてきます。「ダメでしょう！」とお母さんがお皿を取り上げたら、「ギャー」と自分の髪を握りバッと抜いた痕に血が流れ出しているのを見て、「この子が楽しく通える場を保障せねば」と強く思いました。

エイちゃんは私たちの「教室」に通うようになってずいぶんと落ち着き、イスにも座るようになりました。家では思う存分できなかった水遊びや走り回ること、自分の好きなことを十分に楽しめるというだけで子どもは変わっていくのです。だからお母さんたちは「教室の回数を増やしてください」「そのために補助を増額して」と行政に対して声をあげ、行動する母になっていかれました。

子どものこころは、子どもが置かれている条件によって変わるのです。「子どものこころを理解したい」と願うからこそ、子どもの可能性を広げられる条件を保障する運動が大切なのだと、私の目もこころも、社会に向かって開かれていきました。

◆飛び出しヒデ君――「センセイ大好き!」

一九七〇年代の半ばまでには、障害のある幼児の通える場がグンと広がりました。一九七二年には厚生省（当時）の補助事業として心身障害児通園事業（当時の事業名）が始まり、一九七四年には精神薄弱児通園施設（当時の施設名）に幼児が通えるようになるとともに、保育所と私立幼稚園の障害児保育への補助制度が始まりました。親たちと関係者の運動の成果です。一九七八年からは保育所での障害児保育の年齢制限がなくなり、保育所に通う障害児数が増え続けました。

　ヒデ君はそうした時期に保育所に入所しました。多動でことばのない五歳児のヒデ君は、クラスから飛び出すだけでなく、園からも飛び出し、二回もパトカーに保護されていました。担任はヒデ君がイスに座り続けるようになることを願って、立ち歩くヒデ君に対して「イスに座りなさい」とつかまえては座らせるということを繰り返していましたが、ヒデ君はいっこうに座るようになりません。

　ヒデ君がイスに座るようになるためには、「座る目的」が必要です。休息、食事、お絵かき、そして好きな人のそばにいたいから。担任はヒデ君の「好きな人」になるために、毎朝ヒデ君の好きな走ることを一緒に楽しむことにしました。追いかけてつかまえてくすぐるなど、楽しく過ごした後に保育室に入ると、ヒデ君も自分から保育室に入りイスを持って担任の隣に座り、センセイのTシャツの裾を握り続けることで座り続けられるようになりました。「大好き」になったセンセイと一緒に初めて絵も描き、簡単なことばも身につけて卒園していきました。「センセイ大好き！」この思いが子どもを変え世界を広げる原動力なのです。子どもの「好きなこと」を大切にして、ステキに広げてあげたい！　私の願いです。

◆新体操少年ショウちゃん——仲間がいるから飛躍する

私がずっと続けている仕事に、保健所の一歳六カ月児健診後の発達相談があります。名古屋市では、当初個別相談から取り組みが始まり、一九八〇年代の後半には、親子で参加する楽しい「親子教室」での相談が始まり、「教室」の後には、より専門的な「親子療育教室」に通い、三歳で専門施設か保育所か幼稚園を選択するという仕組みになっています。一、二歳の時期から専門家の応援を受けることで、親子が楽しい日々を送れようにと築かれた仕組みです。

この仕組みを活用して、「親子教室」「親子療育」、そして専門施設での一年間の療育を経て四歳児として保育所に入園したショウちゃん。専門施設では落ち着いて椅子に座り、生活習慣も身について保育所に変わったのですが、保育室に入ることができなくなってしまいました。子どもたちの声がうるさくて嫌なのだろうと、遊戯室で保育士が一対一で対応することになったのですが、ショウちゃんがするのは「紐振り」だけ。

一カ月間、紐振りにつきあった保育士がさすがにしんどくなってきたため、紐振りに「新体操ごっこ」という名前をつけて、ステキな遊びに変えていきました。「新体操ごっこ」という魅力的な名前に、さっそくクラスの女の子たちが「私もやりたい！」と遊戯室に来て、リボンの演技に取り組み、ショウちゃんの演技を「ジョウズ！」とほめるのです。女の子たちの中で遊ぶようになったら、あんなに嫌だった保育室に女の子たちと一緒に入るようになりました。嫌なことでも、仲間が自分を認め支えてくれればスッと乗り越えることができる。子どもってすごいですよね。その魅力が私をつかんで放さないのです。

◆障害のある子どもたちのパワー――子どもらしさを活かす

子どもたちは、自分の好きなことを思う存分楽しめる「通う場」があれば、可能性を花開かせていきます。障害があると「できないこと」がたくさんあって「かわいそう」だと思っている人もいることでしょう。でも「できないこと」は誰でももっています。私は竹馬に乗れないまま死ぬでしょうし、ケン玉や二重とびもできません。

子どもは、自分の好きなことや良さを大切にしてくれる大人がいて、自分を認めてくれる仲間がいて、自分の可能性を花開かせます。子どもの「子どもらしさ」とは、好きなことなら頑張るし、嫌なことはしたくないという「当たり前」の心です。好きなことを通して世界を広げていくことが「子どもらしい」姿なのです。

嫌なことは頑張れないから、頑張るためには大好きな大人や仲間の支えが必要になります。でも嫌なことは頑張りきれないのが当たり前。だれでも「できない」世界をもっているのです。子どものそんな「できなさ」も含めて「かわいいなぁ」と愛してくれる大人がいて初めて、子どもは自分の「子どもらしさ」に安心できるのです。自分を受け止め、愛してくれる大人がいるという実感が子どもを幸せにするのだと思います。

障害があって「できないこと」をたくさんもっている子どもは、たくさんの大人の手を必要とするがゆえに、かつての私のような悩み多き若者の可能性を引き出すパワーを秘めているのだともいえるでしょう。幼い者、弱い者が秘めたパワーを感じてみませんか？

◆「トイレに行こうね」「イヤ！」――子どもは思いどおりにはならない

子どもの「できなさ」を受け止めるということはそう簡単ではありません。特にわが子ともなると、「かわいい」という特別な思いが過剰な期待となってしまいがちです。「男の子なら野球選手に」と思っていたお父さんが、障害のある子どもが生まれたことで、お母さんに暴力をふるいだすなどということは現在でもみられます。

そう、わが子は特別なのです。期待もかけ、夢を描くのがわが子です。

偉そうなことを言っている私も、実はわが子に関してはいっぱい失敗をしています。トイレのしつけも失敗の一つ。子どもにとってトイレに行くことは必ずしも楽しいことではありません。好きな遊びを中断してトイレに行くくらいならば漏らすというのが当たり前。だからトイレのしつけは「お外に行くからトイレに行こう」「お風呂に入るからトイレに行こう」というように、生活の見通しがついてきた二歳後半で活きてくるのです。

分譲マンションを購入して、息子のオシッコの失敗に「このシミで〇万円」と腹が立ち、「おしっこあるやろ？」―「ナイ」、「おかあちゃんと一緒におトイレ行こ」―「イヤ」と、無理やりトイレに連れて行く繰り返しの中、息子は三〇分おきの頻尿になってしまいました。

子どもは親の思いどおりにはなりません。親とは独立した一人の人格なのですから。好きでもないことを頑張るためにはそれなりの準備が必要です。こころと体の育ちがあって初めてチャレンジが成功する、ということを忘れないようにしなくてはね。

◆給食が食べられないかっちゃん——偏食にも理由がある

私は「偏食の女王」です。基本的に和食以外は苦手で、幼児期は特定のメーカーの特定のふりかけをかけたご飯とわかめの味噌汁で大きくなったといっても過言ではありません。偏食というと「わがまま」のように言われ、親のしつけが問題にされがちですが、偏食も実は「こころの育ち」の成果なのです。世の中のいろいろなものの中から「コレ！」というものを選ぶ力がついたからこそ、「選びたくない」嫌なものもできてくるのです。「選ぶ力」がついたことを喜びつつ、「この子が選びたくなるもの」を広げていこうという心のゆとりが大人には欲しいですよね。

偏食のきついかっちゃん。家でも偏食がみられるのですが、それ以上にひどいのは保育所でです。給食にひと口も口をつけません。味つけのせいかと、お母さんが保育所と同じ献立で作ったお弁当にも口をつけません。保育所では「食べないぞ！」と決めているかのようです。でもある日、偶然、かっちゃんの思いが保育士に見えたのです。クラスでのクッキングではかっちゃんが箸をつけたのです。ひょっとして「料理を作っているプロセスが見えないのが不安なのでは?」と、調理室と協力してかっちゃんに料理の過程を見せ、さらには配膳を手伝ってもらったら少しずつ食べるようになったのです。

子どもの行動には、ちゃんと理由があるのです。私はどうも匂いのせいで食べられないという偏食だったようです。大人になって子ども時代よりは食べられるものが増えたとはいえ、バターやチーズのような独特の匂いがするものは現在も食べられません。でも元気に日々を過ごせているので、「ま、いいか」。

◆夜中に暴れたシュウ君――昼間の生活が睡眠障害に…

あなたは不眠に悩んだことはありませんか? 私は、小学校高学年から中学時代は、毎晩のように数百頭の「羊を数えても」眠りに入れず、特に中学時代は「金縛り」にあって怖い思いをしました。体は疲れて眠っていて動けないのに、意識は閉じきれていない状態が「金縛り」だと理解できるまでは、「押さえつけられ」「首を絞められている」と感じる怖さを誰にも言えず、苦しみました。

二五年ほど前に出会ったシュウ君。五歳児クラスでは園庭で走り回っていました。ことばもないし、おもちゃで遊ぶことも少ないシュウ君の就学にあたって、お父さんは「どの学校に行ってもシュウが変わるわけではない。せめて、地域の人たちに『こういう子がいる』ということを知ってほしい」と、地域の通常学級に入れました。学校からの受け入れ条件は「親が毎日付き添う」こと。お母さんは毎日シュウ君の学級で、動きたがるシュウ君を押さえつけていました。そんな日々の中、シュウ君は夜中に蛍光灯にぶらさがって窓ガラスを蹴破ったり、冷蔵庫からジュースを取り出して床にぶちまけたりと暴れだしました。自分のしたいことができない昼間のイライラが夜中に爆発したようです。結局、家ではみることができなくなり入所施設に入り、施設から養護学校（当時）に通う生活に変わったら、夜はぐっすりと眠るようになっていきました。

体もこころも心地よく疲れていればぐっすりと眠ることができますが、体が疲れていないとき、そして何よりもこころが不安でイライラしているときには眠ることができにくくなります。眠りは安定した暮らしのバロメーターでもあるのです。

◆お仕事大好きサッチャン――役割があったほうが落ち着けるの…

サッチャンは四歳の女の子。落ち着きがなく発達にも偏りがあり、診断名がついている子です。二歳の時から保育所に通っているのですが、保育室にいつづけることは難しく、加配の先生と園庭で走り回ったり水遊びをしたりして過ごすことも多いのですが、一番落ち着くのは職員室の園長先生の隣の席。電話がかかると「園長先生はお仕事中です」とまるで園長秘書。

おしゃべりができるのに保育室に入ることができないのはなぜ？

三学期になり、「もうすぐ年長さんだし」と担任はサッチャンが楽しめそうなままごとを、クラスの女の子三人を誘って職員室で楽しみ、職員室からテラス、クラスの前と少しずつ移動し、年度末にはクラスに入れるところまで来ました。五歳児クラスでも保育室に入ることができるようにと、働き者のサッチャンのために「朝の会」のお天気調べをしてもらったら、毎朝クラスにいられるようになりました。でも給食の時間にトラブルが…。

給食が配られはじめると、待っておられずお友達の給食まで食べてしまったのです。「サッチャンなんか、嫌い！」の声に保育室を飛び出して行ってしまいました。働き者のサッチャンはただ待たされているのはイヤ。給食の配膳を待っている間に担任と一緒にみんなのコップにお茶を注ぐことに。コップを配るサッチャンにかけられることばは「サッチャン、ありがとう」。クラスの仲間に認められることで、こころが落ち着き文字通りクラスの一員となりました。

動きの多い子どもは働き者になる素質十分。その持ち味を活かして、ステキな役割をもたせてあげたいですね。

◆ウンコで困ったシュンちゃん――少しの配慮でグンと楽になれるのに…

ある夏、保育所からSOSが入りました。五歳児のシュンちゃんがトイレでウンコをした後、壁にウンコを塗りたくったというのです。先生たちはびっくり！　シュンちゃんは赤ちゃんの時から保育所に通ってきていた子なのですが、身の回りの整理が苦手で、タオルや水筒が床に散乱しているのだとか。そのうえ、パンツにウンコがちょびっと漏れていて、担任が「来年は小学校なのにこのままではいじめに遭うのでは…」と心配になって、日々耳元で「ウンコ大丈夫？」とたずねていたら、ウンコを壁に塗りたくったのだそうです。

朝の会の前から保育を見せていただきました。シュンちゃんは、先生が「朝の会を始めます」と言っても、タオルも水筒も放ったらかし。先生が「このタオル誰のかな？　先生がもらっちゃおうかな」と言った途端、シュンちゃんの顔がピキピキと固まっていくのがわかります。先生は「自分から取りにおいで」という意味で「もらっちゃうよ」と言っているのですが、たぶんシュンちゃんはそうした隠された意味が理解できにくく、「先生が僕のタオルを盗る」と不安な気持ちになったのでしょう。「シュンちゃんのタオル、ロッカーにしまって」と明確に伝えることとともに、シュンちゃんのロッカーの位置を一番端っこに変えてもらいました。三〇人のクラスには端っこのロッカーは二つだけですが「真ん中」は二八個。端っこのほうが、位置が分かりやすいですよね。

シュンちゃんは、ちゃんとタオルがしまえるようになり、ウンコをパンツに漏らすこともなくなりました。こういうちょっとした配慮を「合理的配慮」というのだと思います。

◆「問題」の中に可能性を見出す

子どもの幸せを願うがゆえに、大人はついつい「トイレに行きなさい」「ちゃんと食べなさい」「片づけなさい」とストレートな球を子どもに投げてしまうのですが、子どもに受け止める準備がなければ、球はそれてしまったり、子どもを直撃して怪我をさせてしまいます。

特に夜中に暴れたり、大人がびっくりするような「問題」を起こすと、「やめなさい！」「なんでそんなことをするの！」と、ついつい声を荒げてしまいますが、本人もなぜ自分がそういうことをするのかわからず､困っています。その「なぜ?」を考えることが専門家の仕事です。子どもの出す「問題」には、「選ぶ力」がついたから嫌いなものははっきりしてくるというように、発達の成果の一つでもあるという側面があります。子どもたちはステキな可能性をいっぱいもっていますが、自分の力を発揮できない生活の中では、睡眠障害やお友だちの給食をとるといった「問題」の形で力を出してきます。「もっとステキに力を出せる生活を」と子どもは訴えているのです。ちょっとした配慮があるだけで力を出せる子もいます。

マイナスに見える現象の中にプラスの可能性を見出していくためには、子どもの生活や子どもの可能性を吟味する「科学的な目」が求められます。レールから外れたら幸せにはなれない、問題を起こしては世間からはじき出される、そんな社会の息苦しさが、子どもたちに向けられていないでしょうか。子どもたちが安心して失敗でき、「できなさ」や情けなさも受け止められ、かけがえのない持ち味を活かすことができるような暖かな社会を実現したいものですね。

◆お母さん大好き！——健康で文化的生活の保障を

古うてもええ　なれたのがええ　（全労済編『天使のひと言』祥伝社黄金文庫より）

父の日に、ふざけて「父の日のプレゼントは若くて新しいお母さん」と言ったお父さんに対して、三歳の男の子が言った真剣なひと言です。

そう、ちょっと歳がいっていたって、怒りん坊であったとしても、子どもはお母さんが大好き。お母さんもそのことはよくわかっているのだけれど、忙しいときに限って、「ジュース」「お腹すいた～」とわめいたり、疲れているのになかなか眠ってくれなかったりすると、ついつい大声になってしまうのです。

子どもも大人も、家ではマイペースで甘えん坊なのが当たり前。目覚めてから一時間半は脳がしっかり活動していないので頑張ることができないし、夜は疲れてきて頑張ることができないからマイペースで甘えん坊。お父さんはだらしないし、お母さんは自分のペースに合わせてくれないお父さんや子どもに腹が立つのです。だからお互いにこころを温めたくて団欒を求め、子どもは親の優しさを求めるのです。そんな人間としての「当たり前のこころ」を大切にする生活が、憲法二五条に規定された「健康で文化的な生活」なのではないでしょうか。

子どもたちは前を向いて生きています。幸せな気持ちで今日を終え、明日への希望を胸に眠りにつくことができるような生活を保障することは大人の責務です。元気な子どもも、育てにくさや障害を抱えていても、そして病気であればなおのこと、寝る前に親が子どもを温かく抱きしめることのできる生活を保障したいものです。

◆親を思いやる心優しい子ども――だからこそ子どもの思いを大切に

りこは一人でかんがえて選んだんだよ

（全労済編『天使のひと言』祥伝社黄金文庫）

三番目の子どもの理子ちゃんが生後八カ月で亡くなってしまい、お母さんが自分を責めつづけていたときの、五歳のお兄ちゃんのひと言です。

大人にも言えないようなひと言ではないでしょうか。お母さんのこころを思いやるステキなこころは五歳頃に育ってきます。息子も五歳のときに布団の中で、「お母さんもおばあちゃんになるの？　おばあちゃんになると死ぬの？」「僕さびしい、一緒にお墓に入る」などと親を泣かせる優しいことを言い、思わずギュッと抱きしめてしまいました。自分にこころがあることに気づいた子どもは、親や保育士のこころを意識しはじめます。大人の期待に合わせ、大人がことばに出さなくても、大人の求めていることを頑張る姿が目立ってきます。

思いやるこころは人としてステキなこころですが、それは時として無理なことを子どもに強いてしまうことにつながります。大好きな担任が帰った後、お友達を殴ったり蹴ったりしてしまうゲンちゃん。園長先生に「どうしたのかな？」と優しくたずねられても答えられません。重ねて「どうしたのかな？」とたずねられたら、園長先生を振り払って乳児室まで走って行き網戸を破ってしまいました。大人でもこころを問われてうまく答えられないことがあるのに、子どもに対して「わかっているはず」という働きかけをすることがあります。ことばにできない子どもの気持ちを尊重する姿勢をもつことが、個人の尊厳を護る第一歩なのではないでしょうか。

◆叱るよりも大切なこと――思いを理解すること

子育て支援センターではお友達をたたいていた二歳のケンくん。悪いことをしたら「言い聞かせる」「叱る」ということが当たり前のように言われます。だからお母さんは、ケンくんがお友達をたたくたびに「ごめんなさいは？」と言い聞かせてきました。そしたらケンくんは「ゴメンナサイハ？」と言ってお友達を叩くようになってしまいました。お母さんは子育て支援センターに行くことが辛くなり、保健師にSOSを出してこられました。

保健所の教室でも、朝から「ゴメンナサイハ！」と友達をたたいていたケンくん。私がお母さんと面接を始めたらあわてて飛んできました。お母さんのことが大好き。それなのにお母さんのひざによじ登った後、「ゴメンナサイハ！」と力一杯お母さんの胸に頭を打ち付けたのです。お母さんは息がつまり思わず涙ぐみました。

「いやだったたね、ごめんね。おばちゃんがお母さんをとっちゃって」と声をかけると、スーッと全身の緊張がとれてニッコリ。とても可愛い笑顔です。それに気づいてお母さんが、「ケンの気持ちを言ってあげればいいのですね」とおっしゃいました。賢いお母さんです。ケンくんの暴力は少しずつ減っていきました。

子どもの権利条約（国連で採択された国際条約で日本も批准している）では、子どもの意見表明権と最善の利益の尊重が重視されていますが、ことばで思いを伝えることが苦手な子どもは行動で思いを表現します。子どもたちの幸せの実現のために、子どもの行動にこめられた「子どもの声なき声」に耳を傾ける大人が増えてほしいものだと思います。

◆コマーシャルにこめられた思い――意味のない行動はない

小学校一年生のミックン。特別支援学級に通っている知的障害のある自閉症の子どもさんです。三歳の時にことばらしいものが出はじめたのですが、日常会話はできず、すぐに歌一色になってしまいました。私がつきあいはじめた頃には、歌よりもコマーシャルがミックンのマイブームになっていました。私の知らないコマーシャルもあったのですが、よーく耳を傾けていると、どうも一貫性があるように聞こえてきます。

いやなときには「ハウスシャン麺ショー油味！」と叫び、ご機嫌が良いときには「コンニチハ、オ元気デスカ？　第一生命デス」と歌うようなのです。テレビでハウス食品のコマーシャルが流れていたときに、いやなことがあったのかもしれません。コマーシャルにこめたミックンの気持ちを受け止めようと、ミックンが「ハウスシャン麺ショー油味！」と叫ぶと、「ゴメンね」「いやゃったね」と謝り、「コンニチハ」バージョンに対しては「こんにちは、お元気ですよ、近藤直子です」と答えていました。そんなつきあいを一年以上続けてミックンと遊んでいたある日、ミックンを背負って外から帰ってきた私が、ため息をついてミックンを下ろしたら、「アリガトウ」と耳元で優しくささやいたのです。うれしくて涙があふれました。こころが通じた！　ミックンはその後「おかあさん」のような誰にも通じることばを使うようになっていきました。

声なき声、行動やことばにこめた思いに耳を傾けることで、思いは通じ合っていく。それは子どもとだけでなく、大人との関係においても言えることなのですよね。

（ここに登場した子どもはすべて仮名です。）

第3章

こころに残る保護者たち

◆子どもの変化が親たちのエネルギーに——子どもが変われば親は変わる

私が障害のある幼児とかかわりはじめた一九七一年には、知的な障害のある幼児が通える場は制度としてはありませんでした。保育所に通っていた子もいたでしょうが、ことばも出ていない四歳、五歳の子どもたちが通う場はありませんでした。東京や大阪などの都市部では、三歳児健診で発見された知的障害児の親たちが、自主的なグループ活動を進めていました。私は保健師が実施していた親たちのグループ活動の間、子どもたちを遊ばせる週一回の自主的な教室（たとえば「幼児教室」などと呼ばれていました）のボランティアとして、親子とかかわるようになりました。

お母さんたちが「なんで今日が教室のある日だとわかるのやろうな」と不思議がるほど、子どもたちは教室を楽しみにしてくれていました。走り回る、飛び降りるなど、家ではできないことができるというだけで喜んでくれました。そして教室を楽しみにして、朝から自分でカバンを用意して玄関で待っているといった前向きの姿を示してくれたのです。

「週に一回でもこんなに変わるなら回数を増やしたい」「そのために市から補助金を増やしたい」とお母さんたちは、駅頭で署名を集め、市長交渉も行い、教室を大阪府の認可施設にするようにと動いていかれました。この時期、こうした取り組みが大阪府下の複数の自治体で取り組まれ、府が知的障害児のための通園施設を国に先駆けて制度化したのです。子どもが変われば親が元気になり、「子どもたちのために」と動いていくということの成果を、二十歳そこそこで実感できたことが、私の人生の大きな財産です。

◆「そんなもん、できるかぁ」――一・二歳児にも通う場を

一九七三年、大阪府の保健所が、国に先駆けて一歳六カ月児健診を開始しました。大学院に進学していた私に、健診後の発達相談の依頼がきて、二カ所の保健所で、知的障害や自閉症の疑いのある子どもの発達相談を担当することになりました。人口が多いこともあって、毎月のように障害が疑われる子どもを発見するのですが、一・二歳児が通う場はもちろんありません。国が知的障害のある幼児の通園施設を制度化するのが一九七四年ですが、その時でも通園できるのは四・五歳児が中心でした。大阪府は一九七三年から通園施設を制度化していましたが、それでも三歳児以上が対象です。

通う場がないのに、障害の疑いを見つけるという仕事はしんどいものでした。障害が明瞭な子どもは児童相談所に紹介しましたが、児童相談所も支援の仕組みをまだもっていませんでした。「障害」というレッテルだけを貼られるということは、保護者にしたら不安や悩みを増やすだけ。「子どものために」と、「朝はもう少し早く起こしてね」「一五分でもよいから子どもと向き合って遊んでね」とアドバイスして、「そんなもんできるかぁ」「あんたみたいなもんに

言われたくないわ」と怒鳴られたりもしました。そうですよね。子どもを育てたこともない若造がえらそうに子育てに口を出すのですから。

「一・二歳児が楽しく通う場をつくらなあかん」と決意しながら、相談時には、子どもの好きな遊びを見つけ子どもの笑顔を引き出し、それを親に伝えることを頑張ったのです。

◆一・二歳児にも通う場ができた――自治体の取り組みの大切さ

一九七七年、私は大学に職を得て、名古屋に転居しました。その翌年、一歳六カ月児健診が国の制度として本格実施され、私は名古屋市の保健所でも健診後の発達相談に取り組むことになりました。ここでもたくさんの知的障害児や自閉症児やその疑いのある子を発見しましたが、やはり通う場がありません。児童相談所に紹介しても、支援は受けられません。保健師さんたちにお願いして、お母さんたちのために「教室」を月一回開く一方で、通園施設への受け入れを期待し、通園施設の職員たちと学習会を開いていました。そんな中、多数のケースを抱えた児童相談所が中心になり、名古屋市としての療育の仕組みの検討が始まりました。

ちょうどそのころ、一九七四年に始まった四歳以上児を対象とした保育所の障害児保育補助制度が、年齢規定をなくしたことにより、通園施設から保育所に転園する子が増えて、通園施設が定員割れするようになりました。

その結果、一・二歳児のグループと、二歳児からの入園が実現したのです。「おもしろいように子どもが変わる」というのが施設職員の感想でした。偏食をはじめとした生活習慣が固定する前から、親とともに何が大切なのかを考えあい、子どもが楽しく遊べる取り組みを築くことに職員も喜びを感じていました。

もちろん保護者からは、子どもが「喜んで遊ぶ」「食べられるものが増えた」とうれしい声が聞かれるようになり、発達相談も一・二歳児療育を勧めるための相談として、しんどさがぐっと軽くなりました。

◆子どもには楽しい教室が必要——子どもが喜ぶと親はステップアップする

一歳六カ月児健診の実施によって、一・二歳児が通うことのできる「親子療育」や「グループ活動」が少しずつ全国に広まっていきました。私の発達相談は、最初は個別相談でした。発達検査を実施し、「こんなことをすると子どもが喜ぶよ」とやって見せつつ、三カ月後くらいには「こういうところに弱さがあるから、ことばの遅い子のための教室に通ってみな～い？」と、一・二歳児療育グループを親に勧めるというふうでした。「子どもの弱さ」について説明し、特別な手立てが必要なことを理解するように親を説得するのです。

発達検査をしたら、一歳六カ月児の課題はできるけれど、「できた」という喜びの表現がなく目も合わせてこないので、自閉症を確信した一歳一〇カ月児。お母さんを説得して児童相談所に行ってもらったら、「大丈夫」と言われたとのこと。その後はお呼びしても保健所に来ていただけません。二歳五カ月になってお母さんから来られた時には、坊やはおもちゃに見向きもしなくなり走り回っていました。「していたことをしなくなってきて心配だったけど、児相で大丈夫と言われたし、保健所にも来にくくて」というお話でした。すぐに一・二歳児療育グループに紹介しました。最初からグループを紹介していたら良かったのにね。

その後、保健所で「親子教室」という楽しい教室を実施するようになり、そこでの私の仕事は「教室に来て子どもが変わった」実感を親と共有し、密度濃い「教室」への移行を勧めるものに変わりました。説得よりも実感。子どもが変わる実感が親を動かすのです。

◆生活に根ざした支援が大人を育てる——仲間とともに歩む

でも、通うことでステキな姿を子どもが出すことはわかっていても、保護者が子どもを通わせてくれなければ、子どもは可能性を発揮できません。

知的障害のある三歳の男の子。落ちつきがなく、服を脱いで裸で走り回っています。ひとり親家庭のお母さんは夜のお仕事でたいへんそうです。仕事中は職場の託児所のおばさんが背中におんぶして面倒を見ているのだとか。「子どもが自分の力を思う存分に発揮する機会が必要だ」というのが、私と保健師の判断です。隣接した自治体の通園療育が受けられるように保健師が動いて、スクールバスで通えることになったのですが、バス停にちっともわが子を連れてこないのです。午後の保健所の面接に呼ぶと「はい、わかりました。連れて行きます」と答えるのですが、やっぱりバス停に連れてきません。私も保健師も腹が立ってきて、「あのお母さんはあかんわ」と言っていたのを聞きつけた、同じスクールバスを利用していたお母さんが、「あんたら何！　夜働いていたら朝起きられへんのがわからんの！　私らが何とかしたる」と、同じバス停を利用する親たちでローテーションを組んで、子どもを家まで迎えに行ってくれたのです。

お母さんはそのうち、自分から起きて子どもをバス停に連れて行って、その後寝直すように変わっていかれました。私がまだ二〇代前半のころの体験です。生活を支え合う仲間がいれば、子どものために変わっていきうる、それが親なのかもしれません。大人同士がつながることができるような支援を保障することが、私自身の課題となったできごとでした。

◆必要なのは気の合う仲間――多様な保護者支援を

発達相談に取り組んで四五年以上になりますが、今まで出会った中で一番若いお母さんは一六歳でした。保健所の戸を開けて入って来たお母さんは、日本人ではないと一目でわかる金髪で、大柄な体格の方でした。お母さんはブラジル三世。「子どもを可愛がっているけれど、発達に遅れがないかを見てほしい」というのが保健師からの依頼でした。「日本語、大丈夫やろうか」がまず考えたこと。お母さんは日本語がペラペラ。子どもは発達が少しゆっくり目ではあるけれど特別な問題がないので、「お母さん、よくやってるね」と言った後、「いま、何が一番ほしい?」と尋ねると、即座に「友達」と答えました。

「友達、いいひんの?」と重ねて尋ねると、「だって、みんな高校生だもん」。そうですよね。一六歳なら中学時代の友人は高校に通っていますよね。「保健所に一〇代の若いお母さんたちのグループがあるけど、参加する?」ときくと、「うん、参加する」と喜んでくれました。

保健所には他にも、「ダウン症児の親の会」「自閉症児の親の会」「双子の親の会」など、さまざまな立場の親を支えるグループ活動があります。同じような立場だから話題も合うし、本音も出しやすいですよね。私が出会ってきた親はホントに多様。出身もブラジル、チリ、ペルー、タイ、フィリピン、バングラデシュ、中国、韓国。保護者の障害も、知的障害、肢体不自由、統合失調症と多様。さらにはシンナー中毒や覚せい剤中毒のお母さんまで。一筋縄ではいかないなぁ。

◆障害があっても、お母さんはお母さん——自信をもつとキレイになる

お母さんに知的障害や統合失調症があると、発達相談の第一回目はおばあちゃんが付き添ってくることが多くなります。お父さんが誰なのかわからないというお母さん。背中を丸めて姿勢も悪く、声も小さいお母さん。「この子はバカだから」と言うおばあちゃん。おばあちゃんもたぶん、これまでの人生でご苦労されたのでしょう。でも、これからの子育ての主人公はお母さん。おばあちゃんには、お母さん一人で保健所に来ることができるように練習していくことを了解していただきました。

お母さんにはまずは、タクシーで保健所に来ることにチャレンジしてもらいました。おばあちゃんから、「親子がタクシーに乗った」と保健師に連絡が来たら、担当保健師が保健所の前で待ち受けてタクシーの支払いも手伝います。帰りもタクシー。タクシーが大丈夫になったら、次は最寄りのバス停からバスに乗ることにチャレンジ。どのバスに乗るかをおばあちゃんと打ち合わせて、保健所前のバス停でお出迎え。もちろんお母さんには障害者割引で乗車してもらい、帰りのバスにもチャレンジ。

こうして、「一人でもできる」という自信をつけてもらってから、通園施設の利用へとサポートしていきました。子どもが「親子教室」で楽しそうに遊ぶ姿に、お母さんも自信と確信を深め、髪型に気を配り、姿勢もしゃんとしてきて、「お母さんらしく」キレイになっていかれました。保健師さんの生活に沿った丁寧なサポート、見習いたいものです。

◆お母さんの〝ステキ〟を見つける――大人も発展途上にいる

ある日の保健所。親子教室に一時間も遅れてやってきたお母さんがいました。初めて来たお母さんには、私が面接することになっているのですが、時間が足らず「これに懲りずに次も来てね」と言ったら、「二度と来るか！」の捨て台詞。次の月、「来てくれないかも…」と思っていたら、お母さんは来てくれました。「ヤッタネ」と思ったら、子どもを置いてロビーで携帯電話に熱中。教室のプログラムが始まっても電話を続けています。「あれまぁ」。次の月もやっぱりロビーで携帯。年配の保健師がロビーに出ていったのを見て追いかけたら、案の定「何のために来ているの！」とお母さんを叱っています。

「お母ちゃん、あんたとこの子すごいな、めっちゃ体操がジョウズやで。将来はジャニーズ事務所かな」と声をかけたら、「ホント？」と乗ってきました。「ほんまやで、見に来てみ」と誘ったら、携帯片手に指導室に入り、子どもとの遊びに参加しはじめました。その後は「教室」を親子ともに楽しみにされ、体操と工作が上手なお母さんは、教室のスタッフを率先して手伝う心強いお母さんになられました。

子どもを産んだから大人になるわけではありません。子どもを育てる過程の中でステキな応援団に出会い、子どもと楽しい時を共有し、自分の良さを引き出されることで、子どものことを考えられる大人になっていくのだと思います。わが子が「育てにくい」と悩むお母さんたちの応援団でありたい。孫もでき文字通り「おばあちゃん」の私には、お母さんたちも「可愛い」子どもに見えるのです。

◆お父さんだって泣いていい――お父さんにこそ仲間を

今の日本では、多くの家庭の子育てはお母さん中心に回っています。乳幼児健診に参加するお父さんも少数ですがおられますが、保健師の支援は主にお母さんを対象にしています。次子の妊娠や出産の関係で、お母さんに代わってお父さんが保健所の親子教室に参加することもありますが、ピンチヒッターであることは否めません。

障害が診断された後の療育の場への通園も保護者会も、もっぱらお母さんが対象となります。お母さんたちは気の合う仲間を得て、わが子のことを語りながら涙と笑いに包まれることも多いのですが、お父さんは泣く機会があまりありません。「男は泣くものではない」という考えに縛られているとしんどいですよね。

「男なら野球選手に」と思っていたわが子に障害があるとわかり、「お前が悪い」とお母さんに暴力をふるっていたお父さん。わが子が入園した保育所の男性園長に誘われて、全国保育団体合同研究集会（合研）に参加してから、「父親にも仲間が必要」と、園長とともに活動を始めました。もちろん、仕事をしているお父さんたちが参加できる夜の時間帯の学習と交流。その後はお決まりの「飲み会」。初めて参加したお父さんが辛い思いを吐き出し号泣する姿を目撃し、「お父さんにこそ仲間が必要だ」と痛感しました。職場ではわが子の障害を隠していたけれど、運動会にダウン症の子を連れてきた人を見つけて思わず声をかけたというお父さんもいましたが、施設の父親参観は「出会い」のグッドチャンス。お父さん、参加してね。

◆保護者がつながると大きな力に——施設の定員が増えたよ

二カ所の公立通園施設を廃止して新たに一カ所の公立療育センターをつくる計画が出たさいに、親たちから「それでは定員が減ることになりおかしい」という声が出て、一カ所は民間委託で残ることになりました。「自分たちの子が通っている施設も残してほしい」と思っていた親たち。「でも、すでに市の方針は決まっていて、変更は難しいのでは」とあきらめかかっていました。

新たにできるセンターの通園区域に指定されても、二区離れた不便な地域。自分たちの居住区にある、現在通っている通園施設を残してほしい。当たり前の願いですよね。子どもが幼いほど、遠くに通うことには負担がかかります。「今からでも遅くないよ。署名を集めて区選出の議員さんに働きかけたら」という私のアドバイスに、お母さんたちはすぐに行動。署名集めを始めたのが六月だったので、議会での議論に間に合い、民間委託で施設は残ることになりました。

その後、新たに一カ所療育センターが民間委託で開設されましたが、この時に残った通園施設二カ所を含めて、五カ所の療育センターと三カ所の児童発達支援センター（旧通園施設）があっても、入所を希望する二歳児が入ることのできない実態があります。ゼロ歳児は希望しても入所できません。あの時、市の方針通りに二カ所の通園施設を廃止していたら、今はどうなっていたでしょうか。主権者である親たちがつながることは、子どもたちの将来への希望を紡ぐことなのです。

◆お母さん、安心して働いてね——親には親の人生が

子どもに障害があるとわかると、お仕事を辞めるお母さんが多いですよね。医療的ケアを必要とする子の保育所での受け入れに関して、児童福祉法に位置づきはしましたが、すべて保育所に入れるわけではありません。何よりも命を守るための体制が十分ではありません。看護師の配置も思うようには進んでいません。保育の長時間化は進む一方なのに、保育士の配置基準の改善は進んではいません。そして給与水準は低いまま。働いてくれる専門人材自体が集まらないのです。

そんな中でも、障害の重い子を受け止めて頑張っている保育所もあります。全盲で肢体不自

由、這うこともできない、でもリズム活動では仲間たちの動きに向かって体を動かそうとします。脳性麻痺の双子。首も座っていないけれど、保育士が抱いてブランコを強くこぐと、さすが年長さん。大喜びで声を上げます。安心して保育しうる体制と、子どもの思いを汲む保育があれば、お母さんは安心して働くことができます。

でも、働いていると、お父さん同様、障害児を育てる親と出会う機会が少なく、学校のこと、放課後や長期休暇のこと、わかりにくいですよね。名古屋市には公立保育園父母の会の中に「障害児部会」があります。民間保育園が障害児の親たちの縦のつながりづくりもしています。親には親の人生があります。と同時に子どもの人生を応援したいのが親。専門施設とはひと味違う親のつながり、大事ですよね。

◆親をつなぐのは切実な要求——「思い」でつながる場を

たまたま保育団体の会長をしていた時に、名古屋市の公立保育園の障害児の受け入れが頭打ちになっていることに気づき、公立保育園父母の会の会長さんに、「障害児の親の組織を作りたい」とお話ししました。ＪＲ職員の会長さん。二つ返事で賛同してくれました。民間保育園や通園施設の職員も含めた実行委員会形式で「障害児の親の集い」を開催。そこに参加してくれた親に働きかけて、次の年には「公立保育園父母の会障害児部会」を結成。準備会に参加した唯一のお父さんが、イケメンのマスコミ関係者だったこともあって、お母さんたちはパワーアップ。すぐに部会ができ、会長さんが名古屋市交渉に位置づけ、障害児の受入れ人数が明らかに拡大。お母さんたちも、そして公立保育園父母の会役員さんたちも元気になられました。現在も、施設に子どもを通わせている人、民間保育園や幼稚園に通わせている人も「個人会員」として登録し活動しています。

名古屋市の特別支援学級増設の時に力になったのは、学齢児のお母さんたちの声と保健師の応援。お母さんたちは「学区に希望児が二人いたら学級設置」という教育委員会の見解を引き出したものの、知り合いがいればよいけれど、そうでなければ、学区の学校に希望は出しにくいですよね。希望が出されなければ実質化しません。そんなとき、保健所で開催されていた「親の会」での就学問題学習会を機に、保健師が学区の親同士をつないでくれ、多くの学区で親たちが入学希望を出したのです。「思い」をつなぐことって、ホント、大切ですよね。

◆きょうだいにはきょうだいの人生が――施策は充実してきたけれど

私がきょうだい問題に取り組みはじめたのは、一九九〇年代の終わり。社会福祉や特別支援教育に取り組む学生の中に「きょうだい」が多いことに気づいてからです。今も一緒に活動しているお母さんたちと、「きょうだいの話を聞く会」を開催し、参加者であふれかえったのが二〇〇〇年代でした。きょうだい関連の本も多数出版され、ブームだったともいえそうです。大学内では学生の「きょうだいの会」も「きょうだいの話を聞く会」も継続していますが、親の「きょうだいの話を聞きたい」というニーズは減っているようです。

以前、親から「困ることが多い」と出された三者面談や部活の応援、おけいこ事の送迎などは、放課後等デイサービスが制度化され、障害児が放課後活動に行っている間に済ませられるようになり、切実感が薄らいでいるのかもしれません。「きょうだいと一対一で向き合う時間」も確保しやすくなり、「きょうだいに寂しい思いをさせている」という実感も減っているかもしれませんね。

施設長の中には「きょうだいに時間をかけられるようになった分、きょうだいに過重な期待をすることになるのでは」と心配される方もいます。障害のある子の将来のために、きょうだいが安定した職に就くことを求める保護者がいてもおかしくはありません。日本の社会福祉は先行き不透明。日本の現状では、子どもたちの幸せを願うが故に、子どもたちの人生を振り回してしまう保護者がいるのは当然のこと。それだけにみんなで考え合うことが求められるのですよね。

◆保護者を支えるために必要なことは——社会を見る目と人間を見る目

「親に子どもの障害を認めさせるにはどうしたらよいか」「専門機関に行ってもらうための必殺言葉は」といったたぐいの質問をされることがありますが、児童福祉の視点で大切なことは、子どもに「子どもらしい楽しい生活」を保障することですよね。親がどうであれ、子どもには固有の権利があるのですから。

親が「わが子に障害がある」と認めたくなくても、専門機関に行く必要を感じていなくても、子どもに必要な取り組みを届けること、つまり子どもを中心に考えていきたいものです。子どもがステキに変わることを実感できる「親子教室」をゼロ歳児から身近な場で保障すること、親がわが子の障害を認めていなくても密度濃い「親子療育」を保障し、子どもに必要な場を子どもと保護者が選択しうるようにすること、そのために国の制度を変えること、そして保育所や幼稚園の保育条件を改善することを、私は大切にしてきました。

ことば一つで保護者を変えるなど、私にはできません。保護者も子どもも生活を通して発達するのです。制度や仕組みが、保護者に無理な障害受容や頑張りを求めてはいないでしょうか。一人ひとりの生活や人生を尊重するとともに、「一人で頑張らなくていいんだよ、応援団も仲間もいるんだよ」ということを実感して、その人のペースで、親として一人の人間としてステキになっていってほしい、それが多くの保護者から学んできた私の考えです。

第４章

オッパイはでないけど父さんだって子育て！

近藤郁夫

◆つぶやきを聞く楽しさ

きょうはこどもの日。わが子育ての日々を思い出します。カミさんに僕が養われていた時期、保育園に入るまで、昼間は零歳児であったわが子を僕が家でみていました。離乳食づくりやウンチの世話はできても、僕にはオッパイが出ないという当たり前のことに気づいたこともありました。一日わが子とつきあっていると、うれしいのにどっと疲れてしまいます。世のお母さん方がいかに大変な日々を過ごしているのか、身にしみて分かった日々でもありました。

そんな日々に考えたりしたことをもとに、子育てのちょっとしたヒントをつづります。

「オニギリ、ヨルニナッチャッター」

こんな言葉ひとつからも、いろんなことが見えてきます。お母さんと一生懸命におにぎりをつくるお手伝いをしてるんだな。きょうはどこかへピクニックかな。だけど上手には握れない。じゃあ、ノリを巻いてくれる？　慣れぬ手つきでノリを巻くというか、くっつけながらの、しばしの格闘？　そうしたらご飯で白かったおにぎりがノリの色に覆われて。「オニギリ、ヨルニナッチャッター」の名言が登場してきました。

こんな発想は、もはや私たちは逆立ちしても出てきませんよね。また子どもが大きくなったら、まずは言ってくれません。

とすると、子どもはその時期その時期にしか見せてくれない世界を、絶えず私たちに見せてくれていることになります。

静かに耳を傾ける、子どもの言い分を聞くということは、こんなにステキな世界の存在を、私たち親やおとなに気づかせてくれるということでもあります。

また言い分を聞いてもらえるから、私たちは人に語るのではありませんか。

子どもの思いを先取りして、親がよかれと思うことをどんどんと子どもの前に設定していくことは、実はこの関係を貧困にしていっています。

じっくり子どもの声に耳をすませてみませんか。親が楽しいだけでなく、それが子どもへの何よりのプレゼントですよ。

◆〝おたんちん〟のすすめ

おかあさんはいすにのぼってしゃもじをまいくにしてじょうずにうたいました　ぼくはてれびにでたらいいとおもいました
おかあさんはうたいながらしゃもじについているごはんをたべてしまいました

（鹿島和夫『一年一組せんせいあのね　いまも』理論社）

いいですね。このお母さん。僕は好きだなぁ。おたんちんぶりが楽しくていい。「人に迷惑をかけてはいけない」「私が子育てをみな抱えこんでいる」「完ぺきに、落ち度なくしなければ」

今、こんなふうに子育てに無理していませんか。こんなに肩ひじをはっているまなこからは、子どものちょっとした失敗や落ち度も許せなくなり、しかりとばしていく。子どもとの関係も貧困になっていきます。そんな己に毎度の自己嫌悪。

日々の何気ない生活、親も失敗したり、ドジをしたりしながらお互いに育っていきます。

おかあさんが
「しかられないようにかんがえましょう」といいながらかまをあけたらごはんがありませんでした。
「しまった　おとうさんごめんね」といいました
おとうさんは「もうしぬわ」とゆうた
ぼくはずっこけました

（鹿島和夫『一年一組あのね帳』理論社）

わが家もそうです。日々の生活において、ドジなことを僕はどれだけしてきたことでしょう。「ずっこけ」も「ドジ」もやはり人間にとってねうちのあることですよ。なんせ僕も、洗濯物を干して、たたんで、タンスにしまうことができるまで十六年の長大な歳月。そんなことも子育ての生活や人生にとって、貴重な色どりではないでしょうか（居直り？）。

息子が成人した時に、こんな文を書いてくれました。

直ちゃん（カミさんのこと）は「超人」でしたが、郁ちゃん（僕のこと）は「凡人」で、私は郁ちゃんの不完全さ、人間的弱さが好きでした。

（近藤直子・郁夫・暁夫『保育園っ子が20歳（はたち）になるまで』ひとなる書房）

成人した息子からこんなうれしい言葉がもらえるとは、おたんちんも実はステキなことなんですね。

◆無駄をいっぱい食べて

今、社会では効率化と無駄の排除の論理がまかり通っています。こんな論理が教育や子育てにも忍び込んでいませんか。

その結果「はやく〜しなさい」「はやく〜しなさい」と子どもを追いたて、追いたてている私自身が何かに追われているような。食事の時間さえ「はやく食べなさい」。いつごろからでしょうか。「ご飯はゆっくりよくかんでね」が「はやく食べなさい」となってしまったのは。

人間は本来、無駄をいっぱい食べながら成長するもの。道草してはじめて気づく季節の花。「ああ、こんなところに咲いていたのか」。遊び心とは、一面では無駄を楽しむ精神かもしれません。

教師たちからさまざまな「ちょっと気になる子ども」の姿が報告されています。①母親の顔色を絶えずうかがいながら生きている子どもたち②自分の内面と矛盾する言動を余儀なくさせられている子どもたち等。①からいろんなことが考えられます。ア＝「母親の顔色」であること。父親は影が薄いことの反映か。イ＝教師の目から「母親の顔色」であって、親の目からは「教師の顔色」であるかもしれません。

いずれにせよ、子どもたちは他者の顔色をうかがいながら、気を遣った「良い子をしていませんか。「良い子」とは他者の意向、思いをうかがい、先取りして生きている子どものことをいいます。それは必然、②の自分の内面と矛盾する言動を余儀なくさせられることになります。しかし、それには限界があります。「いつまでもやってられないよ」となって当然です。

わが家では、当時小学生の息子が、息子らしからぬがんばりを見せはじめた時、カミサンと何度も話し合いました。そして二人で出した結論は、息子に関西弁でいうところの「アホな世界」（おんたんちんの世界）の面白さ（ホッとできる）を伝えようということでした。

超多忙な日々をおくっているカミサンも、ちんたらの僕も、共通しての息抜きは「風呂の中でまんがをよむこと」でした（今も）。「外ではそれなりに神経を使いながら生きているんだから、せめて家の中ではタラタラの姿でいいじゃない。無理せんとこ」――これがカミサンとの合言葉。

がんばれる人生とは、上手に息抜きができる人のことをいうのだ、そうありたい、と学んだことでした。

◆「やり直し」を楽しもう

夏休みです。

セミが鳴いています。まさに地上での短い命を完全燃焼するかのように。小動物も昆虫も子どもたちの大切な友。お日さまも、にわか雨も土も、自然は僕たちを包みながらはぐくんでくれています。せっかくの夏休み。その恩恵をたっぷりと子どもと一緒に享受しませんか。泥だらけになる快感、思い切り汗まみれになる心地よさ。

せっかくの夏休み。お父さん、忙しい時間をなんとかねん出して、子どもと小さな冒険へ出てみませんか。

わが子育てを振り返ると、息子がクワガタムシに夢中になれば、親も一緒に夢中になりました。クワガタムシに関する本（図鑑や絵本）を図書館でほとんど読破し、息子に負けじと「勉強」?しました。

名古屋の下町で育った僕は、残念ながらクワガタムシがコナラの木にとまっている姿をみたことがない少年期でした。「勉強」の成果か、どんな木にいるのか、分かるようになり、森の中をさまよい、はじめて自然の中にいる（店頭で売っているのではない）クワガタムシをこの目で見つけた時の震えるような感動。

人間はすべてを達成しておとなになっていくのではありません。必ずいっぱい不十分さを残しながら大きくなっていきます。息子と一緒にクワガタムシに夢中になれたということは、僕の少年期にできなかったこと、不十分であったことのやり直しでもあったのです。

息子が小学生の時は、鈴鹿山脈の廃村へ小さな旅もしました。中学生の時は大雨の降る中、名古屋市東山動物園に「だれもいなくて面白いぞ」と完全武装？して行ったり、息子も楽しんでいましたが、実は僕が楽しんでいたのです。いくつになってもやり直しは楽しい。

お母さん。少女時代、したくてもできなかった夢をわが子に託していませんか。例えばピアノができなかったからその夢をわが子に託す。これは託された方がたまったものではありません。機会をつくってお母さんがこれから始める——自己の少女期をやり直せばいいのです。

こうみると、子育てとは一面では親自身の子ども時代のやり直しでもあるのですね。

◆アテにし、アテにされよう

食欲の秋。学びの秋。芸術の秋。もうすぐ運動会。

今年もわが子の活躍?を観よう、写真やビデオを撮ろうと三脚が並ぶことでしょう。お父さんたちが大活躍です。絶好のポジションを確保するために苦労されたかもしれません。お父さんたちが必死で写真やビデオを撮っているのは、当然ながらわが子の姿ばかりです。しかし、せっかくお父さんたちがこんなに参加されているのに、もったいないなあと思います。例えばクラスで（あるいは有志で）記念の記録（写真集でも、ビデオ作品でも）を、お父さんたちをアテにして共同制作の依頼をすればいいのです。お父さんたちがアテにされたことにこたえていけば、どんなにか世界が広がっていくことでしょう。

お父さんたちは実にさまざまな職業を担い、同時に趣味・特技・得手（不得手も）をもっています。ここにとりたてて注目したいのです。「写真撮るなら任せといて」「いや、僕はコンピューターを使って編集だな」「ならば俺はディレクター役をやろうか」「わしは力仕事がいけるぞ」「完成したらお祝いの飲み会じゃ。それは俺が専門じゃ」「どうせなら、お母ちゃんたちや先生も呼んで上映会もやろう」

こうなりますと、ファインダーをのぞく対象はわが子だけではなくなり、クラスの子どもたちもファインダーの対象となります。しかもお父ちゃん同士が知り合えます。みっちゃんや卓君のお母ちゃんとも知り合えます。これは会社と家を往復しているだけのお父さんにとって極めて大きな発達的世界の広がりを意味します。

保育園や学童保育などの父母会の価値は、お父ちゃん、お母ちゃんたちが子育てを通して知り合いになれ、孤立下の子育てが共同の子育てになっていくところにあります。

学校でも可能なはずです。お父さんたちをアテにして、何か共同の仕事を頼んでください。アテにされた時、人間は生きがいを太らせることができます。またわが子が悩める思春期を迎えた時、身近にこんなステキなお父ちゃんたちがいることはお互いにどんなに心強いことでしょうか。

まずはどんなにささいなことからでもいい（飲み会おおいに結構）、アテにしアテにされ、面白そうなことから始めてみませんか。

◆困った時はお互いさま

過日、テレビ番組で、孤独な子育てを強いられているお母さんたちの「叫び」を特集していました。この間、インターネットの掲示板に子育てママから一三万通のメールが寄せられているそうです。子どもが寝静まった後、一人パソコンに向かうお母さんたち。ハンドルネームでの対話。子育てはお母さんの役割で家事と育児だけの生活――。このままでいいのかと迷いながら自己を問うお母さんの現状も放映されていました。

ただ一人で子育てを担うということは、相談相手がいない、息抜きができない状況が続くということです。さらには「いい親」でなければというプレッシャーが加わります。これは未熟なわが父親業を思い起こしても、想像以上にしんどい日々なのです。

二十年前、僕はゼロ歳児のわが子を昼間みていました。せっかく授かった大切な生命。そのありがたさは重々承知なのです。しかし、ずっと二人で部屋にいて、離乳食を食べさせたり、おしめを替えたりの日々。そんな日が続くと、「抱っこしてやっと眠ってくれたわが子をどうフトンに目覚めないようにおろすか」、こんなことばかり考えるようになっていました。

後に保育士さんに「アキチャンはあまりかまないですね」と言われたのも、無意識に「早く食べんかい」と離乳食をわが子に流し込んでいた愚かな僕のなせる仕業だったのかもしれません（許してね、アキオクン）。僕の場合、職場から帰ってきたカミサンにわが子を託して、しばらくは気分転換と息抜きができたからまだマシでした。それでも世のお母さんたちの大変さが身にしみてわかりました。

わが家の場合、その後わが子を信頼できる保育園に託すことができました。保育園は子どもの成長はもちろんのこと、親も成長できる場であることを実感できたことは驚きでした。保育士とも、親同士とも知り合いになれ、子育て・子育ちの悩みや喜びを直接交流したり、考え合ったりできたからです。

お父さん、愛する人が昼間家でいかなる思いでいるのか、心くだきながら、まずはせめてお母さんが息抜きできる時間をプレゼントすることから家庭内共同へ踏みだしてみてください。

そして、すべてを一人だけ、家庭だけで請け負わないこと。近所の人たちや保育園などはアテにしていいのですよ。子育ての共同の輪を広げることは社会的な課題です。子育ては本来国民的な共同事業なのですから。

困った時はお互いさま――。これは生き抜いていく私たちの知恵です。

◆〝つぶやき詩集〟のすすめ

おとなはだれもはじめは子どもだった。（サン・テグジュペリ『星の王子さま』）

いつごろから私たちはかつて自分も子どもだったことを忘れてしまったのでしょう。幼いころ、隣のみっちゃんに比べられるのが大嫌いだったのに、今はついわが子をよその子と比較している。そんなことありませんか。

好奇心のかたまりだったあのころ、世界はすべてが不思議でした。虫の音や風の声に「耳を澄ます」ことも、アリや落ち葉一枚に「目を凝らす」ことも。機械音の洪水と過剰刺激の映像の垂れ流しの中におりますと、こんなことさえ忘れていってしまいます。せっかくの子育ての日々。時に「耳を澄ます」「目を凝らす」ことをしてみませんか。

あるお母さんが書いていました。小学校の一年生の国語のテストで、子どもが「『人にものをかす』の反対はなにですか」の問いに「イヤ」と答えた。理科のテストで「～なのはどうしてですか」の答えに「どうしてもです」

いいですね。泣かせます。お勝手仕事のさなかでしょうか。「お母ちゃん、～なのはどうして？」。包丁でキャベツを刻みながら、「うるさいわね～、いま手が放せないの」「ねえ、どうしてなの？」押し問答。ついに「もう、どうしてもなの」。こんな会話が聞こえてきそうです。お母さん、これを書き留めながら、さぞかし反省されたことでしょう。

階段をピョンと二段飛び降りられるようになれば「見て、見て」。ぜひ見てあげてください。ひげの生えてきたニキビ顔の中学生になったら、もうやってくれませんよ。

子どもたちが日々何気なく見せてくれている姿は、その時その時の発達の輝き。時にその姿に目を凝らし、耳を澄ましてみましょう。何と子どもは面白いことをやり、語ってくれているのでしょう。その面白いことを忘れないようにメモすれば、それは口頭詩。わが子との共同作品として蓄積していけば、やがて親から旅立っていく時、その「エピソード集」は何よりのプレゼントになります。

そんなつぶやきを集めた本から傑作を。

三歳になったばかりの娘、ぽちゃぽちゃしていてかわいい。ある晩、布団の中で体を寄せてきたので「ママの子ブタちゃん」とキスした。娘、甘えながら「ブタのおかあさん」

（『子どものつぶやき』毎日新聞社）

こうしたつぶやき集を読んでいますと、まだまだお父ちゃんの登場が少ないようです。いとしい子に甘えながら「ブタのおとうさん」と呼んでもらいたいですね。

◆最も価値あるプレゼント

師走になりました。父さんも母さんも走っていますか。僕も走っております。バタバタしているうちに早くも年の瀬。

ちまたではジングルベル。子どもたちはどんなクリスマスプレゼントがもらえるか、小さな胸を膨らませているに違いありません。サンタさんをめぐって楽しい会話も弾むことでしょう。てるおかいつこの名作『サンタクロースってほんとにいるの?』(福音館書店)は僕の大好きな絵本です。結びの一節「こどもが　しあわせなときは　みんながしあわせなときだもの」……。わが子にこの絵本を読みながら僕はいつもこの一節を心に刻んでいました。

わが子が保育園に在籍していた時から、すでに成人した今もなおしている楽しい仕事があります。ここだけの内緒の話ですが、僕はある保育園の専属?サンタを十数年やっています。毎年僕自身の楽しみ。さっそうと登場すると零歳児は泣きだすし、年長さんは「あのサンタ、だれがやっとるんだ」という冷ややかなまなざし。だけど食い入るように見つめてくれる子どもたちの表情。たまりません。いっぱい質問をされ、その後、園が用意したプレゼントを一人ひとりに、あたまやほっぺをなでながら手渡ししていきます。「元気でね。大きくなるんだよ」と。

至上のひとときを僕が子どもたちからプレゼントされているのですね。

ところで、私たちおとなが子どもたちに贈ることのできるもっとも価値あるプレゼントは何でしょうか。

それは「豊かな幼児期、少年・少女期」をたっぷりと送らせてあげることです。

北風の中、公園で元気に遊んでいる子どもたちの群れを見ることは少なくなりました。「少年・少女期」が大変貧弱になっているのです。これは個人の努力だけでできることではありません。おとなが知恵と力を出し合いましょう。

教育基本法はうたっています。「真理と平和を希求する人間」「平和的な国家及び社会の形成者」の育成をと。「豊かな子ども期」をプレゼントすることは、平和を守り、発展させていく道にまっすぐに連なっています。生活の根っ子から、おとなの共同を発展させていきたいものですね。

第５章

子どもの幸せの土台を築く

◆すべての子どもに「楽しく通う場」を

子どもには、毎日、楽しく遊んでお腹を空かせ、おいしく食べてぐっすり眠る生活を送る権利があります。楽しく遊ぶ場として障害児のための児童発達支援センターや、保育所・幼稚園があるのです。家庭ではできない遊びを楽しんでこその「通う場」です。楽しくなければ行きたくなんかありません。

家庭ではできない遊びとはどのようなものでしょうか。泥んこや坂のぼり、プールのような一定の環境がないとできにくいこと。紙破りやぬたくりのような、家庭では後片付けが大変で取り組みにくいこと、高いところからの飛び下りやトランポリンのような騒音や振動が発生すること。そして何より、仲間がいるから盛り上がる遊び。追いかけっこ一つとっても、仲間がいると盛り上がりが違います。「もっとした〜い」子どもの思いが広がります。

家庭は、家族と食べて、寝て、明日への元気を蓄える場です。遊びが下手な親がいて当然のこと。きれい好きな親だと、子どもに汚されるのがストレスです。賃貸住宅では絵を描くこと一つにも「壁や床を汚さないか」と神経をとがらすことになります。

だから、子どもが楽しく過ごすための場が必要とされるのです。「子育て支援センター」がこれだけ広がってきたのは、家庭ではできにくいことができる場だからですよね。外に出かけることで、子どもも親も気持ちが変わり、楽しいと感じられる時間が増えると幸せ度がアップしますよね。共働き、ひとり親、育休中、専業主婦、それぞれの置かれている状況は違っていても、子どもには楽しい遊びが保障されなければなりません。

子育て支援センターでは「問題」を起こしがちな子もいます。過敏で、ちょっとした刺激で不安を感じる子、ちょっとしたことで手が出てしまう子、じっと座って保育士の読み聞かせを楽しむことができにくい子。謝ってばかりいたり、追いかけまわしたり、子どもに泣かれたりだと、親はしんどいですよね。そういう子どもには、その子が楽しめる遊びをていねいに見つけてあげることが必要になります。一人ひとりに合わせた楽しさを見つけて保障していくのが療育です。もちろん、保育所でも一人ひとりに合わせた取り組みを保育士は考えてくれますが、集団が大きいというだけでしんどい子もいて、そうした子のために一・二歳児の療育が行われているのです。

「療育は障害のある子を他の子と切り離すから差別につながる」と考える人がまだおられることも事実です。一九八〇年代には、そうした考えを強く打ち出していた地域もありました。療育は子ども一人ひとりの可能性としんどさをていねいに把握し、子どもが楽しさを実感しうる取り組みを創造する営みです。一・二歳児でこうした取り組みを体験すると、多くの子どもは、大人や仲間に対して開かれたこころをもつようになり、保育所や幼稚園のような大きな集団でも良さを発揮しはじめていきます。一・二歳児療育が充実すると、保育所・幼稚園で楽しく過ごす子どもが増えていくのです。

家庭での生活がもっぱらだった子どもの中に、三歳児になって保育所や幼稚園に入ったら暴力や落ち着きのなさで「問題」になる子もいます。乳幼児健診で「育てにくい子」を積極的に見つけて「親子教室」などで親子を支援する仕組みが機能していれば、そう問題は出ません。保健師の支援を受けにくい自治体などでは、集団生活に入ってから「問題」が指摘され、保護者がしんどい思いをせざるを得ないのです。そういうしんどさから親子を守り、子どもの良さや子どもが楽しむ活動を保育所・幼稚園に伝えていく役割も、療育は果たしています。乳幼児健診、子育て支援、療育、保育がステキな連携を築くことが、親子の幸せを広げるのです。

ところが国の制度は、母子保健も子育て支援も虐待予防や保育も「子ども家庭局」のもとにあるのですが、障害児の療育制度は「社会・援護局」のもとにあり、残念ながら連携が取りにくいのです。保育所はインフルエンザで休んだ子がいても、休んだ子の分もちゃんと運営費が出て保育士を安定雇用できますが、療育の場は通ってきた子どもの人数分の運営費しか出ないため、インフルエンザで休む子が多かったら収入が減り、人件費の安定的な運用ができにくいのです。障害があり体力的にも問題のある子どもたちがいるのに、おかしいですよね。自治体の単位では、障害児も「子どもとして」総合的に施策運営をしている自治体が多いのですが、運営費は国の制度がもとにあるため、障害児の場の安定運営を考えると自治体の持ち出しが増える構造になります。おかしいですよね。同じ子ども、そしてより配慮の必要な子どもなのにね。

そんな制度上の問題点もみんなで考えたいですね。障害児や被虐待児への支援もすべて保育所制度に統一するのも「あり」だと思います。障害が重くて医療や発達リハビリの必要性の高い子が安心して通える「拠点園」（現制度では児童発達支援センター）が、自治体の保育・療育の中核を担い、各保育所には「子育て支援室」「一・二歳児療育教室」と「特別支援クラス」があってというふうだと、保護者も安心しやすいかもしれません。少子化で保育園に空き室が今後予測される地域ではぜひとも、検討してみてください。保育所が不足している都市部では、それよりは保育所の増設が課題ですよね。これから建設する保育所には、「子育て支援センター」だけでなく、療育の場（現制度では児童発達支援事業）など新たな機能を付加していくことも、自治体レベルでは検討してよいのだと思います。

障害のある幼児が通える場として心身障害児通園事業ができたのが一九七二年、知的障害児通園施設ができたのが一九七四年、そして保育所や幼稚園の障害児保育補助制度ができたのも一九七四年。すでに四五年を経過しています。本当はどうあってほしいのか、保護者たちの声もふまえながら、新たに提起していく時期にきているのではないでしょうか。

◆家庭が家庭として機能しうるために

二〇一六年に改正された児童福祉法の第二条に、「児童の保護者は、児童を心身ともに健やかに育成することについて第一義的責任を負う」ことが新たに規定されました。実はこの一五年ほどの間に、教育基本法にも、子ども・子育て支援法にも、子育ての第一義的責任は保護者にあることが規定されてきました。子どもにとって親が大切なことは言うまでもありませんが、実の親であれ養親であれ、親が親足りうるように、親が親として発達しうるように支援するのが国と自治体の責務であることが、軽んじられてはいないでしょうか。

二〇〇六年一〇月、奈良県の障害幼児の親に激震が走りました。それまで利用していた通園施設の保育料が、急に七倍に跳ね上がったのです。一カ月四五〇〇円だったのが三万円超え。NHKの「@ヒューマン」という番組で取り上げられたのでご存知の方もいるかと思います。障害者自立支援法が施行されたのと合わせて、障害児の療育施設も同様の仕組みが導入されたため、利用料は「応能負担」から「応益負担」に変更になり、さらに給食費が「実費払い」ということで一食あたり六五〇円になったのです。三歳児が一食六五〇円？　自閉症の子どものように、食べられる食品は少なくても、「仲間と同じものを供することに意味がある」と提供している給食。食べなくても六五〇円？　この負担増で療育の利用を控える親も出てきました。これは明らかに親の責任ではなく、制度の問題です。

名古屋市では、労働組合が中心になって、「障害のある子も公立保育園児と同じ給食費に」「制度変更によって利用料がアップしないように」と請願署名を提出し、制度移行前の六月に条例改正を行いました。愛知県下の主な自治体も、そして広島市、福岡市、横浜市、神戸市などの政令市も条例改正することで、保護者の過度な負担を防止しましたが、そうした動きのなかった奈良県で問題が噴出したのです。マスコミに取り上げられたことや、「障害乳幼児の療育に応益負担を持ち込ませない会」等の交渉によって、その後、厚労省が減額措置を取らざるを得なくなり、保護者負担は大幅に軽減されました。

運動しなければ、自治体が施策を講じなければ、国は保護者に平気で負担を強いてくるのです。この十数年、国は、子どもに関するさまざまな法律を改定し、保護者責任を強化してきているのですから。

だから私たちは、親が安心して子育てしうるように、親たちと手をつなぎ、国と自治体に声を上げ続けなければならないのです。保育所問題もしかり。保育所が不足しているのですから、保護者が安心して預けられるような公立保育所を増設すればよいのに、自治体に対して「子育て支援は民間で」「企業に門戸を開いて」と施策誘導し、保育士の不足には「資格がなくても運営できる制度で」と規制緩和を進めています。親と保育士の手つなぎの輪が広がってきていますが、親も保育士も仕事が忙しい中、しんどくなりがち。でも、次の時代の子どもたちのために国と自治体の責務を果たさせたいものです。

私たちは自分が忙しくてしんどいと、つい身近な人に不満をぶつけてしまいます。家事をしない夫が悪い、子どもに向き合わない親が悪い、私たちのしんどさを理解しない担任が悪いと…。でも、みんなが子どもの幸せを願っているはず。子どもに向き合えないのは仕事が忙しすぎるから。子どもを可愛がれないのは、こころにゆとりがないから。だったら、子育ての応援団を結成しましょう。少しでもこころにゆとりがもてるように、子どもの「問題」も、子どもの「困った姿」も、可愛いと思いうるように、ステキなエールを送り合いましょう。

集団生活と家庭生活では子どもの求めるものも、子どもの姿も違って当たり前。頑張る力が出にくいのが家庭生活だから、子どもは甘えること、愛されることを親に求めるのです。親が子どもの甘えを前向きに受け止められるには、子どもが愛されていると感じられるためには、どんなエールが必要なのか考えあっていきたいものです。

何よりも安心して暮らすことのできる所得保障、子どもとゆとりをもって向き合える労働条件、そして親自身も「見守られ受け止められている」と感じられる人間関係、そうしたものがあれば、親は子どもに向き合いやすくなります。そうしたことは個人の努力だけでは解決しにくい面があるから、政治の出番になるのですよね。保育士の子育てもそうです。保育時間が延び勤務条件は厳しくなるのに、給与は増えず。子どもや家庭の状況は多様になっているのに、保育士の配置基準は変わらず。つい「辞めようか」という気持ちになる…。

悲観していても始まらないので、気づいた者から、まずはお互いの状況を交流し、学び合い、声を挙げていくこと、今後わが子たちが子育てする将来が、今よりも楽しいものになるように気長に取り組みたいですよね。日本国憲法で認められた人権を実現するよう、国や自治体の責務を明確に規定した法律に変えさせることも展望して、子育て同様に「今」を充実させつつ、将来に向けて土台づくりを進めましょう。私たちの人権は不断の努力によって具体化されていくものです。

「障害が重い」と言われる子は学校にも入れてもらえなかった一九六〇年代。現在は、障害児の全員就学が実現しています。「重症心身障害児は一五歳までしか生きられない」と私は大学で学びましたが、学校教育も卒業後の通う場も保障された今は、四〇歳代の人が元気に暮らしています。大学で学ぶ重度障害者も増え、大学教員をしている障害者も増えてきました。紆余曲折はありつつも、時代は確実に前に進んでいます。人権保障の営みが進んだからこそ、攻撃も強まっている。そう考えると、力が湧いてきませんか。

子どもたちと保護者の発達を保障する土台を築くのは私たち。子どもたちのエネルギーを受け止められる私たちだから、子どもたちとともに喜びを分かち合い頑張りつづけられるのではないでしょうか。

おわりに――息子一家にバトンを渡して

二〇一六年三月末で日本福祉大学を定年退職し、晴れて自由の身となり、現在は北海道から沖縄まで、子ども、特に障害のある乳幼児の発達と保育・療育に関して、好きなようにしゃべりまくっています。

私の人生において最も意味ある出会いは障害のある幼児たちとの出会いでした。人生の目標も、生きがいも、そして仕事も、障害児のおかげで得ることができました。そんな出会いの素晴らしさの一端を、二〇一五年の四月から一二月にかけて『しんぶん　赤旗』に連載しましたが、「先生、あの連載は本にはならないのですか?」という一人のお母さんの声がずっと気になっていました。時間もできたし「本にしようかな」と思って新聞ファイルを見ていたら、亡き夫が同じく『しんぶん　赤旗』に二〇〇二年に連載した記事の切り抜きが出てきて、夫のことを思い涙が出てきてしまいました。心理的に問題を抱えていた私を救ってくれたのは障害児と、そして亡き夫でした。夫のことを書いた「あこがれ」の原稿も活かしつつ、夫のステキな子育てエッセーも残そうと思いたち、今回、それらを一冊にまとめました。

夫が亡くなったのは二〇〇八年。もうすぐ一〇年を迎えますが、その間に息子が結婚し、可愛い孫も生まれ、現在、子育ての第一線に立っているのは息子と息子のパートナーです。

　私と夫の子育ては、多くの方の応援で成り立っていました。保育園時代にお世話になった保育士さんは、今でもみなさん「暁夫君は元気にしてますか」と声をかけてくださいます。近所の方たち、学童保育所の指導員や親たち、もちろんおじいちゃん、おばあちゃん、息子のいとこや友人たち。そんなバタバタの子育てのことは、息子の成人を記念して二〇〇一年に『保育園っ子が20歳になるまで』(ひとなる書房)にまとめました。息子のパートナー有美さんが、笑って読んでくれただけでも、書いた甲斐があったというもの…。息子が私のことを無条件に慕ってくれたことも、今思うと、かけがえのない宝でした。「もっと、息子とゆったり過ごせばよかったなぁ」と今さらながら後悔したりして…。そして夫婦二人、教育学部の出身なのに共同制作した本はこの一冊のみ。ちょっと寂しいですよね。だから今回、かつての原稿であれ共作できたことは望外の喜び。

　今のところ、おばあちゃんの孫育ての本を書く予定はありません。それよりは、息子一家がこれから奏でるであろう子育てシンフォニーを見守るのが、おばあちゃんの役割と思っています。息子一家が「子育て」という営みを通して、これから多くのステキな出会いをするであろうことを期待しつつ、私からのバトンを手渡しします。受け取ってね！

二〇一八年五月

近藤直子

近藤直子　こんどう　なおこ

1950年、東京都新宿区生まれ、大阪府吹田市育ち。
名古屋市熱田区在住。
日本福祉大学名誉教授、あいち障害者センター理事長、
全国発達支援通園事業連絡協議会会長。

主な著書
『子どものかわいさに出会う』（クリエイツかもがわ）、
『"ステキ"をみつける保育・療育・子育て』（全障研出版部）、
『「育てにくい」と感じたら』（ひとなる書房）等。

近藤郁夫　こんどう　いくお

1947年、名古屋市生まれ、2008年病没。
元愛知県立大学教授。

主な著書
『教育実践』（三学出版）、
『子育て・父親にできること』（坂本光男と共著、労働旬報社）等。

本書をお買い上げいただいた方で、視覚障害等により活字を読むことが困難な方のために、テキストデータを準備しています。ご希望の方は、全国障害者問題研究会出版部まで、お問い合わせください。

子どもたちに幸せな日々を　子どもと保護者の発達を保障するために

2018年６月１日　初版第１刷　　＊定価はカバーに表示してあります。
2020年５月１日　　　第３刷

著　者　近藤直子
発行所　全国障害者問題研究会出版部
〒169-0051 東京都新宿区西早稲田2-15-10 西早稲田関口ビル４F
TEL.03-5285-2601　FAX.03-5285-2603　http://www.nginet.or.jp
印刷所　モリモト印刷株式会社

　ISBN　978-4-88134-645-7